AF586709

LES FÊTES D'HEBÉ,

OU

LES TALENS LYRIQUES,

BALLET,

REPRÉSENTÉ,

POUR LA PREMIERE FOIS,

PAR L'ACADÉMIE-ROYALE *DE MUSIQUE*

Le Jeudi 21 Mai 1739.

Repris le Mardi 25 Juillet 1747.

Le Mardi 18 Mai 1756.

Et remis au Théâtre le Mardi 5 Juin 1764.

PRIX XXX. SOLS.

AUX DÉPENS DE L'ACADÉMIE.

A PARIS, Chés DE LORMEL, Imprimeur de ladite Académie, rue du Foin, à l'Image Sainte Genevieve.

On trouvera des Livres de Paroles à la Salle de l'Opera.

M. DCC. LXIV.

AVEC APPROBATION ET PRIVILEGE DU ROI.

La Musique est de M. RAMEAU.

ACTEURS CHANTANTS

DANS LES CHŒURS.

Côté du Roi.		Côté de la Reine.	
Mesdemoiselles.	*Messieurs.*	*Mesdemoiselles.*	*Messieurs.*
Durand.	l'Ecuyer.	d'Alliere.	Albert.
Guillaume.	Chicot.	Massont.	Tourcaty.
Lacroix.	Vaudemont.	Lachantrie.	Cailteau.
Fontenet.	Scelle.	Salaville.	Héry.
Delor.	Rose.	Adélaïde.	Chappotin.
Beauvais.	Robin.	Héry.	Feret.
d'Agée.	Antheaume.	Thevenot.	Duperrier.
Jouette.	Marcou.	Barrage.	Boy.
Advenier.	Lemesle.		Laurent.
	Huet.		

SUJET DU PROLOGUE.

HEBÉ versoit le Nectar à la table des Dieux ; mais leur inconstance ayant obligé cette Déesse à abandonner l'Olympe, elle chercha, sur la terre, un asyle plus heureux.

Natalis Comes.

ACTEURS
DU PROLOGUE.

L'AMOUR,
HEBÉ,
MOMUS.
Chœur de Thessaliens.

La Scêne est en Thessalie, au pied du Mont Olympe.

PERSONNAGES DANSANTS.

LES GRACES.

ZEPHIRE.

THESSALIENS ET THESSALIENNES.

PROLOGUE.

Le Théâtre repréſente une campagne riante. On découvre le Mont-Olympe dans l'éloignement.

SCÈNE PREMIERE.

HEBÉ, MOMUS.

HÉBÉ.

NON, ne ſuivés point mes pas.

MOMUS.

Non, je ne vous quitte pas.

ENSEMBLE.

Je hais, { je fuis, / ſans vous, } je déteſte.
Toute la troupe céleſte.

{ Non, ne ſuivés point mes pas.
Non, je ne vous quitte pas.

MOMUS.

Vous m'évités en vain, je vous ſuivrai ſans ceſſe ;
Rien ne peut ſéparer Momus de la Jeuneſſe.

HEBÉ.

Les plus fiers Immortels
Partageoient avec moi l'encens de leurs autels !...
Lorſqu'au plus haut des cieux j'avois droit de prétendre,
Ces Dieux, trop inconſtans, me forcent d'en deſcendre.

MOMUS.

Ils font votre bonheur, en vous éloignant d'eux ;
Nous voyons Jupiter lui-même
Abandonner le rang ſuprême,
Et parmi les mortels chercher des jours heureux.

SCÊNE

SCÈNE II.

HEBÈ, MOMUS, LES GRACES,

Une douce Symphonie annonce les GRACES ; *une d'entr'elles porte l'arc de l'Amour ; une autre porte son carquois.*

/ rondeau gracieux

MOMUS.

LEs Graces, dans ces lieux,
Pour calmer vos allarmes,
Conduisent sur vos pas le plus charmant des Dieux

HEBÉ.

Entre leurs mains je reconnois ses armes.

MOMUS.

Amour vous cherche ; Amour va renoncer aux cieux.

hebé momus

Seduisantes immortelles
par vos faveurs toujours nouvelles
mille charmes divers
animent l'univers
Tout languirait sans elles.

SCÈNE III.

L'AMOUR, LES GRACES, HEBÉ, MOMUS.

L'AMOUR

PRès de l'objet de sa vive tendresse,
Vénus soutient l'empire de l'Amour;
Et l'Amour vient former la cour
De l'aimable Jeunesse.

HEBÉ.

Je ne regrette plus
Le séjour du tonnerre:
Les Graces, l'Amour, & Vénus
Ont leur empire sur la terre;
Je ne regrette plus
Le sejour du tonnerre.

HEBÉ, L'AMOUR, & MOMUS

Chérissés, cherissés } le jour qui { vous } rassemble:
Chérissons, chérissons } le jour qui { nous } rassemble:

Jeunesse, Amour, { soyés / soyons } toujours ensemble.

SCÊNE IV.

L'AMOUR, HEBÉ, CHŒUR *de Theſſaliens.*

L'AMOUR.

FOrtunés habitants
De ces prochains boccages:
Dans vos jeux, dans vos chants,
Qu'Hebé reçoive vos hommages.

LE CHŒUR.

Que juſqu'aux cieux s'élevent nos accords;
Et que du fond de ſa grotte profonde,
L'Écho réponde
A nos tranſports.

On danſe.

HEBÉ.

Accourés, riante jeuneſſe,
L'Amour veut régner avec nous.
Fuyés, triſteſſe,
Fuyés, jaloux;
Ce n'eſt jamais pour vous
Que ce Dieu s'intereſſe.
Accourés, riante jeuneſſe,
L'Amour veut régner avec nous.

On danſe.

L' A M O U R.

Qu'avec l'Amour, Hebé ſoit par-tout ſouveraine.

H E B É.

Fixons notre ſéjour aux plus heureux climats.

L' A M O U R.

Volons, volons ſur les bords de la Seine.

E N S E M B L E.

Fixons notre ſéjour aux plus heureux climats.

L' A M O U R.

Sur ces bords j'aſſemble, pour plaire,
Les belles, dont mon art augmente les appas;
C'eſt toujours ſur leurs pas
Que je cherche les jeux échapés de Cythere.

E N S E M B L E.

Fixons notre ſéjour aux plus heureux climats.

H E B É.

Vole, Zéphire; Hebé t'appelle;
Vole, amene ta Cour.
Vole, Zephire; Hebé t'appelle;
Tu vas réunir, auprès d'elle,
La Volupté, les Graces, & l'Amour.

SCÊNE V.

ZÉPHIRE & LES ACTEURS de la Scêne précédente.

ZÉPHIRE, après avoir voltigé autour des GRACES, va joindre une troupe de Zéphirs qui soutiennent un nuage destiné pour HEBÉ.

HEBÉ, & L'AMOUR.

VOlons, volons sur les bords de la Seine,
Que des concerts mélodieux,
Que tout fasse à l'envi triompher, à nos yeux,
Les talents qu'on chérit sur la lyrique Scêne,
Volons sur les bords de la Seine.

LE CHŒUR.

Volés, Zéphirs,
Tout vous en presse.
Transportés la Jeunesse
Au séjour des plaisirs.

FIN DU PROLOGUE.

PREMIERE ENTRÉE.
LA POESIE.

SUJET.

*SAPHO, ſurnommée dans l'antiquité la dixiéme Muſe, floriſſoit à Leſbos en même tems qu'*ALCÉE *un des plus fameux Poëtes de la Grece.*

Ce n'eſt point ici SAPHO *telle que l'Hiſtoire la dépeint dans les dernieres années de ſa vie ; c'eſt* SAPHO *jeune encore, touchée des talens d'*ALCÉE, *goûtant les charmes du myſtere, & digne des hommages d'une Cour éclairée.*

*On a ſuppoſé l'éxil d'*ALCÉE, *pour jetter de l'interêt, s'il eſt poſſible, dans une entrée de Ballet ; l'action ſe paſſe dans la journée même où l'Arrêt d'*ALCÉE *eſt prononcé. On tâche enfin de conſerver à ce Poëte le caractere emporté que lui donne Horace.* Alcœi Minaces Camœnæ.

ACTEURS.

HYMAS, *Roi de Lesbos*, Mr. Durand.

SAPHO, *Lesbienne célébre par ses Vers*, Mlle. L'Arrivée.

ALCÉE, *Poëte, aimé de Sapho*, Mr. L'Arrivée.

SUITE D'HYMAS.

PERSONNAGES
DE LA FÊTE ALLÉGORIQUE,
donnée par SAPHO.

UN JEUNE ESCLAVE DE SAPHO, *représentant une Nayade*, Mlle. Rivier.

UN ESCLAVE, *représentant le Dieu d'un Fleuve*, Mr. Cassaignade.

AUTRE ESCLAVE, *représentant le Dieu d'un Ruisseau*, Mr. Dupar.

CHŒUR de Mariniers & Marinieres.

La Scéne est à la Campagne dans un Bosquet de la Maison SAPHO.

PERSONNAGES DANSANTS.

MARINIERS & MARINIERES.

Mr. LANY. Mlle. ALLARD.

Mr. LYONNOIS. Mlle. LYONNOIS,

Mlle. GUIMARD.

Mrs. LEGER, DUBOIS.

Mlles. PESLIN, ADÉLAÏDE.

Mrs. Béate, Cezeron, Gougi, Rogier, Doſſion. Lieſſe, Leroi, Martinet.

Mlles. Villette, Lahaie, Saron, Godeau, Pagès, Cornu, Vernier, Lozange.

PREMIERE

PREMIERE ENTREE.

LA POESIE,

Le Théâtre repréſente un Boſquet.

SCÈNE PREMIERE.

SAPHO, *ſeule.*

Ritournelle

BOIS chéri des Amours, que vous étiés charmant,
Quand vos retraites ſombres
Raſſembloient ſous leurs ombres
Et les plaiſirs & mon Amant;
Bois chéri des Amours, que vous étiés charmant!
Eloignés-vous de moi,
Souvenir trop aimable.

Aux injuſtes rigueurs d'un éxil effroyable
Le Roi condamne Alcée, & l'arrêt qui m'accable
Nous ſépare, au moment qu'il me donnoit ſa foi.

SCÊNE II.

SAPHO, ALCÉE.

SAPHO.

ABſence trop cruelle !.......
Que vois-je ? c'eſt lui-même... Alcée eſt-il rebelle ?

ALCÉE.

On me condamne envain par d'odieuſes loix,
Et ce n'eſt que de vous, Sapho, que j'en reçois.
Prononcés.

SAPHO.

Non ; le Dieu qui nous raſſemble
Nous accordera ſon appui.
Mais apprenés tous les crimes enſemble,
C'eſt un rival jaloux qui vous perd aujourd'hui ;
Thélême. . .

ALCÉE.

Contre moi Thélême ſe déclare !

SAPHO.

C'eſt un rival jaloux qui vous perd aujourd'hui ;

ALCÉE.

Par les horreurs du noir Tartare
Que l'Amour outragé
Soit vengé.

Que les tourmens qu'on y prépare,
Aux cœurs criminels,
Soient encor plus cruels.

Par les horreurs du noir tartare
Que l'Amour outragé
Soit vengé.

SAPHO.

Envain contre Thélême
Vous excités des Dieux la vengeance ſuprême :
Ceſſés de l'implorer, ceſſés ;
Thélême vous trahit ; il m'aime :
Mon cœur vous venge aſſés.

Le perfide, ſéduit par des promeſſes vaines,
Conduit ici le Roi ; je l'attends, & je veux,
Par mon art, par mes vers, que tout ſente les peines
Des amans malheureux.
L'Amour va triompher, il ordonne mes jeux.

ENSEMBLE.

Dieu des vers, à ton tour,
Viens ſeconder l'Amour.
Lance tes feux, réunis, en ce jour,
Tes accens & ſes charmes,
Lance tes feux, réunis en ce jour
Ton pouvoir à ſes armes.

SAPHO.

* Le bruit des cors annonce Hymas. . .
L'Amour va triompher, ne vous éloignés pas.

(*Alcée se cache derrière un feuillage.*)

SCÊNE III.

HYMAS, SAPHO.

Suite d'HYMAS.

SAPHO.

Votre auguſte préſence,
Seigneur, comble nos vœux.
Je ne deſire rien ſi ma reconnoiſſance
Éclate aujourd'hui dans mes jeux.

HYMAS.

On doit voler quand Sapho nous appelle.
Les Muſes & les Arts ſe plaiſent auprès d'elle;
J'aime à la voir partager avec eux
Une gloire immortelle;
On doit voler, quand Sapho nous appelle.

(*Hymas & Sapho ſe placent pour voir la Fête.*)

* On ſuppoſe qu'Hymas chaſſoit dans les bois d'alentour.

SCÊNE IV.

FÊTE ALLÉGORIQUE.

LES ACTEURS de la Scène précédente & PLUSIEURS ESCLAVES DE SAPHO, *jouant différens rôles dans la Fête allégorique qu'elle fait exécuter.*

Le fond du Théâtre s'ouvre & laisse voir une Campagne agréable. Le point de vue est terminé par le cours d'un fleuve, & l'on apperçoit, sur le devant, une NAYADE couchée sur son Urne.

CHŒUR DE MARINIERS.

DAnsons tous, chantons,
Dansons, profitons
Des plus doux momens,
Des momens charmans
Pour d'heureux amans.
Les langueurs, les larmes,
Les soins, les soupirs,
Les allarmes
Ne troublent point nos plaisirs.
Dansons, chantons tous,
Profitons des plus doux momens,
Des momens charmans
Qui sont faits pour nous.

On danse.

LE CHŒUR reprend.

Dansons, chantons tous, &c.

LA NAYADE.

Mortels, que le plaisir amene,
Fuyés ces tristes bords.
Vos chants, vos doux transports,
Tout irrite ma peine.
Fuyés ces tristes bords.

(Les Mariniers se retirent.)

LA NAYADE.

Le Ruisseau que j'aimois, infidéle & parjure,
Méprise mes soupirs, il détourne son cours.
Je n'entends plus le doux murmure
Qu'il me juroit, que j'entendrois toujours.

(Les plaintes de LA NYMPHE sont troublées par un bruit souterrain.)

LE CHŒUR revient.

Ciel! le Fleuve agite son onde,
Il nous menace, il gronde;
Courons, prévenons son courroux;
Pour l'appaiser, courons, empressons-nous.

LE FLEUVE.

Peuple, rassurés-vous.
Ah, Nymphe, de vos plaintes
Quels cœurs ne seroient pénétrés ?
Je viens calmer vos craintes;
Vous reverrés l'Amant que vous pleurés,
Vous verrés près de vous augmenter sa tendresse.

LA NAYADE.

Trop flatteuse promesse !

LE FLEUVE.

Le cours impétueux
De mon onde rapide
A changé de ce Dieu la pente qui le guide :
Mais j'ignorois vos feux.

LA NAYADE.

Hélas ! dans mon cœur tout l'appelle;
Il est constant, rendés-le moi.
Je l'aimerois encor, s'il eût manqué de foi.
Jugés de mon ardeur, quand je le sais fidele.

LE FLEUVE.

Revenés, tendre Amant, embellissés ces lieux;
L'Amour vous y promet le sort le plus heureux.

CHŒUR.

Revenés, tendre Amant, &c.

(Pendant le Chœur le Dieu du Ruisseau paroît sur son Onde.)

LA NAYADE ET LE RUISSEAU.

Je vous revois ; tout céde à la douceur extrême
De retrouver l'objet qu'on aime.
J'ai vu troubler mes eaux des pleurs que j'ai versés :
Perdons le souvenir de nos tourmens passés,
Je vous revois, tout céde à la douceur extrême
De retrouver l'objet qu'on aime.

FIN DE LA FÊTE ALLÉGORIQUE.

SCÊNE V.

HYMAS, SAPHO.

HYMAS, en se levant

MOn cœur est enchanté des tendres sentimens
Qu'à cette fête on voit paraître.
Heureux qui peut être le maître
De terminer les maux de deux parfaits Amans.

SAPHO, à ses Esclaves.

La liberté que Sapho veut vous rendre
Sera le prix des soins que vous venés de prendre ;
Allés, je vous la doi ;
Soyés heureux : & plus heureux que moi.
(Les Esclaves sortent.)

HYMAS.

Au bonheur de Sapho qui peut être contraire ?

SAPHO.

SAPHO.

Un arrêt rigoureux.

Sans mériter votre colere,
Alcée eſt menacé du ſort le plus affreux.
Qu'en ſon éxil je puiſſe, au moins, le ſuivre.

HYMAS.

Alcée !

SAPHO.

Helas ! ſans lui je ne puis vivre.

HYMAS.

A vos divins talens il devra ſon retour.

SCÈNE VI.

HYMAS, SAPHO, ALCÉE.

SAPHO.

VEnés, Alcée.

ALCÉE.

Au transport qui m'anime....

HYMAS.

Je ne vois plus en vous que le seul crime
De m'avoir caché votre amour.

Célébrés le pouvoir d'une Muse touchante,
Vous qui formiés ici les concerts les plus doux;
Venés, troupe riante,
Venés, rassemblés-vous.

(*Les Esclaves rentrent.*)

HYMAS ET ALCÉE.

Chantés Sapho, chantés sa gloire;
Que son triomphe & que son nom,
Gravés au temple de Mémoire,
Soient célébrés dans le sacré valon.

LE CHŒUR.

Chantons Sapho, chantons, &c.

(*Sapho & Alcée reconduisent le Roi; les danses recommencent.*)

SCÈNE VII.

LES ACTEURS DE LA SCÈNE précédente.

SECOND DIVERTISSEMENT.

SAPHO.

SAns cesse, les oiseaux font retentir les airs,
Dans cet azile solitaire :
Comme leurs chants, & ma voix, & mes vers
Célébrent l'Amour & sa Mere.

On danse.

SAPHO.

Fuis, porte ailleurs
Tes fureurs,
Fier Aquilon, ton bruit, ton horrible ravage
Causent trop de frayeurs
Sur ce rivage :
Fuis; laisse-nous goûter, après l'orage,
D'un calme heureux les flatteuses douceurs.

Fuis, porte ailleurs
Tes fureurs,
Fier Aquilon, ton bruit, ton horrible ravage
Causent trop de frayeurs
Sur ce rivage.

On danse. gavotte gaye

SAPHO.

Un jour passé dans les tourmens
Paroît aux vrais amans
Aussi long que la vie :

Mais il est des momens ;
Dieux ! Quels momens ! où l'on oublie
Les jours passés dans les tourmens.

On danse.

2 rigaudons

SAPHO.

Dieu charmant, Dieu qui nous blesse,
Lance tes traits.
Sur nos cœurs regne sans cesse,
Lance, Dieu plein d'attraits,
Lance tes traits.

LE *CHŒUR répete.*

Dieu charmant, &c.

FIN DE LA PREMIERE ENTRÉE.

SECONDE ENTRÉE.

LA MUSIQUE.

SUJET

TIRTÉE fut envoyé d'Athénes aux Lacédémoniens, pour commander dans la guerre qu'ils avoient contre les habitans de Messene : L'assassinat de Teleclès, prédécesseur de Licurge, étoit le principal sujet de cette guerre : Le courage se ralentissoit de part & d'autre ; mais TIRTÉE, instruit dès son enfance dans l'art séduisant de la Musique, rassembla un jour tout le peuple de Lacédémone, en chantant sur le TON LYDIEN, & passant tout-à-coup au MODE PHRYGIEN, sa voix inspira tant d'ardeur aux soldats qu'ils volérent au champ de bataille ; & Lacédémone remporta une victoire, qui sembloit pancher du côté de Messene.

Platon, Plutarque.

ACTEURS

IPHISE, *Princesse du Sang de Licurgue*, — Mlle. Arnoud.

TIRTÉE, — M. Gélin.

CHŒUR *des Lacédémoniens.*

PERSONNAGES DANSANTS.

PRÊTRESSES D'APOLLON.

Mlle. VESTRIS.

Mlles. Mimi, Daché, St. Lo, Contat, Julie, Martaise, Bouscarelle, Marcilly.

GUERRIERS.

M. VESTRIS.

M[rs]. LEGER, DUBOIS.

M[rs]. Trupty, Henri, Riviere, Lany, J., Leroi, Fay, Deboutis, Lani, c.

LACÉDÉMONIENNES.

M[r]. GARDEL. Mlle. GUIMARD.

Mlles. Basse, Saron, St. Martin, Petitot, Perin, Godeau, Buard, d'Ornet.

SECONDE ENTRÉE.

LA MUSIQUE.

Le Théâtre repréſente le Périſtile du Temple D'APOLLON.

SCÊNE PREMIERE.

IPHISE.

DIeux, qui me condamnés aux plus vives allarmes,
Ne calmerés-vous point votre injuſte rigueur ?
Quel plaiſir prenés-vous à voir couler mes larmes ?
L'Hymen alloit enfin, par des nœuds pleins de charmes,
Couronner le choix de mon cœur ;
Un oracle fatal s'oppôſe à mon bonheur,
Contre nos ennemis il faut prendre les armes ;
Le Ciel veut que ma main ſoit le prix du vainqueur.

Dieux, qui me condamnés aux plus vives allarmes,
Ne calmerés-vous point votre injuste rigueur?
Quel plaisir prenés-vous à voir couler mes larmes?

SCÈNE II.

IPHISE, TIRTÉE.

TIRTÉE.

Princesse, du Destin craignés moins le couroux,
Je vais en ma faveur faire expliquer l'Oracle,
De nos Guerriers je conduirai les coups.
Quand les Dieux ont paru déclarés contre nous,
Leur voix à votre Amant opposoit cet obstacle
Pour le rendre digne de vous.

IPHISE.

Non, à de vains efforts votre amour vous engage,
Sparte n'a plus sa premiere vertu,
Sous le poids des revers son peuple est abbattu.

TIRTÉE.

Je saurai, par mon art, ranimer son courage.
Vous m'avez vu calmer les cris séditieux
Qu'élevoit un peuple rebelle,
Par mes accords harmonieux,
J'appaisai, j'enchaînai sa fureur criminelle.

Le

Le succès de mes chants est plus sûr en ce jour ;
Apollon seul, alors, avoit monté ma lyre.
Si leur charme est si fort, lorsqu'Apollon m'inspire,
Que ne pourront-ils pas inspirés par l'Amour ?
De cet art enchanteur reconnoissés l'empire.
Peuple, rassemblés-vous, accourés à ma voix.

(*Une douce symphonie attire le peuple.*)

SCÈNE III.

IPHISE, TIRTÉE, PEUPLE.

TIRTÉE.

CÉlébrons ces Héros d'éternelle mémoire,
Qui fonderent ces murs, qui dicterent nos loix.
Dignes enfans d'Alcide on les vit, autrefois,
Héritiers de son sceptre, & rivaux de sa gloire,
Dompter les Nations, braver l'orgueil des Rois.

LE CHŒUR.

Célébrons ces Héros d'éternelle mémoire,
Qui fonderent ces murs, qui dicterent nos loix.

TIRTÉE.

De ces Héros vous tenés la lumière,
Rendés-vous dignes d'eux par votre ardeur guerriere. . . .
Mais d'un lâche sommeil vos sens sont enyvrés.

De ſuperbes vainqueurs vont devenir vos maîtres ;
Eux qui, ſous vos ancêtres,
Auroient porté les fers qu'ils vous ont préparés.

Eveille-toi, vole à la gloire,
Peuple, tes ennemis ſont au pied de tes murs !
Bellonne ſur tes pas va fixer la victoire,
Cours au combat, tes coups ſont ſûrs :
Eveille-toi, vole à la gloire.

LE CHŒUR.

<table>
<tr><td>LACÉDÉMONIENS.</td><td>LACÉDÉMONIENNES.</td></tr>
<tr><td>Marchons, commandés-nous,
Nous allons tous
Triompher avec vous.</td><td>Quelle gloire pour nous !
Ils veulent tous
Triompher avec vous.</td></tr>
<tr><td>TIRTÉE.</td><td>IPHISE.</td></tr>
<tr><td>Quelle gloire pour vous !
Vous allés tous
Triompher avec nous.</td><td>Quelle gloire pour nous !
Ils veulent tous
Triompher avec vous.</td></tr>
</table>

TIRTÉE.

Ah que la victoire a de charmes !
Elle vole après nous.
Aux armes.

LE CHŒUR.

Courons aux armes.

TIRTÉE & IPHISE.

Ah, que la victoire a de charmes!

LE CHŒUR.

Courons aux armes.

TIRTÉE.

Téléclès, immolé par un peuple rebelle,
Du fond de son tombeau, pour le venger, t'appelle.

LE CHŒUR.

Marchons, commandés-nous,
Nous allons tous
Triomphher avec vous.
Ah, que la victoire a de charmes!
Aux armes.
Courons aux armes.

(TIRTÉE met l'épée à la main & entraîne les Lacédémoniens.)

SCÊNE IV.

IPHISE, & les femmes de SPARTE.

VEillés sur ces Guerriers, justes Dieux que j'implore,
Protégés, Dieux puissans, un Héros que j'adore!

Vous causés tous les maux que j'éprouve en ce jour;
Vous voulés que l'Hymen ait l'aveu de la gloire;
Commandés donc à la victoire
De prendre l'aveu de l'amour.

Veillés sur ces Guerriers, justes Dieux que j'implore,
Protégés, Dieux puissans, un Héros que j'adore!

SCÈNE V.

IPHISE, *Les Prêtresses* D'APOLLON, *& les Femmes de* SPARTE.

IPHISE.

LE temple s'ouvre, on vient, au Dieu de l'harmonie,
Présenter des vœux solemnels:
Portons au pied de ses autels,
Le trouble dévorant dont mon âme est saisie.

Sarabande

(*Danse des Prêtresses.*)

IPHISE avec le CHŒUR.

Dieu tout-puissant, daigne écouter nos vœux.

IPHISE seule.

Fais triompher l'Amant pour qui mon cœur soupire,
Il doit à ton secours tout l'amour qu'il m'inspire;
Achéve de nous rendre heureux.

IPHISE & le CHŒUR,

Dieu tout puissant, daigne écouter nos vœux;
En toi tout l'univers adore,
Le plus favorable des Dieux:
Un seul de tes regards suffit pour faire éclore
Tout ce que la nature a de plus précieux.
Dieu tout-puissant, daigne écouter nos vœux.

(Les Danses des Prêtresses sont interrompues par une Symphonie de triomphe.)

gavotte grac.
air de tromp.

IPHISE.

Qu'entends-je? quels cris d'allégresse!
De l'espoir le plus doux ils flattent ma tendresse.

CHŒUR, *derriere le Théâtre.*

Célébrons le vainqueur, chantons empressons-nous;
Favori d'Appollon, favori de Bellone,
La gloire le couronne,
Et l'àmour lui réserve un prix encor plus doux.

SCÊNE VI.

IPHISE, TIRTÉE;
GUERRIERS; *& le Peuple.*

IPHISE.

O Jour heureux, gloire charmante,
Qui couronne à la fois l'Amant & le Vainqueur!

TIRTÉE.

Non ce n'eſt point ſon éclat qui m'enchante:
Non, ce n'eſt que le prix qu'elle aſſure à mon cœur.

ENSEMBLE.

Uniſſons nous d'une chaîne éternelle,
Il n'eſt point de plus tendre ardeur;
Qu'il n'en ſoit point de plus fidele.

TIRTEÉ & le CHŒUR.

Eclatante trompette, annoncés notre gloire,
Sonnés, publiés la victoire.
Répondés-nous, tendres Hautbois,
+ manque le 1er air vif Célébrés les plus grands exploits.
2 airs vifs Eclatante trompette, &c, *On danſe.*

IPHISE.

Charmes de ma flame conſtante,
Paſſés dans cet heureux ſéjour:
Qu'ici tout inſpire & reſſente
Les feux, les tranſports de l'amour.

2 menuets.
2 rigaudons x
chacone

(Un Ballet général termine cette Entrée.)

FIN DE LA SECONDE ENTRÉE.

Iphise ariette
regner voltiger ris et jeux &c

après les Rigaud. doit être
un Duo. nos craintes,
nos plaintes &c

TROISIEME ENTRÉE.

LA DANSE.

SUJET.

Mercure, selon plusieurs Mytologistes, étoit le Dieu de tous les arts. Paroîtra-t'il hors de vraisemblance qu'on l'ait représenté amoureux d'une Bergère qui mérite, par ses talens, d'être admise à la cour de Terpsicore ?

ACTEURS.

MERCURE, *déguisé en Berger*,	M. Legros.
ÉGLÉ, *Bergère*,	Mlle. Lani.
EURILAS, *Berger*,	M. Durand.
PALEMON, *Berger jouant du Hautbois*,	M. Bureau.
UNE BERGERE,	Mlle. Rivier.
CHŒUR de Bergers & de Bergères.	

PERSONNAGES DANSANTS.

BERGERS.

Mrs. Béate, Cezeron, Trupti, Rogier, Dossion, Gougi, Liesse, Martinet.

TERPSICORE.

Mlle. ALLARD.

NYMPHES DE TERPSICORE.

Mlles. Basse, St. Martin, Petitot, Buard, Godeau, Perin, Lacroix, d'Ornet.

FAUNES.

Mrs. Leger, Riviere, Henri, Lani, l., Leroi, Fay, Deboutis, Lani, c.

TROISIEME

TROISIEME ENTRÉE.

LA DANSE.

Le Théâtre représente un Hameau.

SCÈNE PREMIERE.

MERCURE, seul.

QUe de plaisirs l'Amour m'aprête !
Le plus aimable objet doit être la conquête
Qu'il me promet dans ce hameau.
Mais pour jouir d'un triomphe plus beau,
Mercure, comme un Dieu, ne veut point y paroître...
On approche... évitons de me faire connoître.

SCÈNE II.

EURILAS, *seul.*

AMans, voulés-vous qu'une Belle,
Des feux dont vous brûlés soit éprise à son tour?
Déguisés auprès d'elle
L'excès de votre amour.

SCÈNE III.

MERCURE *en Berger*, EURILAS.

MERCURE.

LE Hameau se prépare à célébrer des jeux.
D'où naissent ces transports?

EURILAS.

C'est dans ce jour heureux
Qu'Amour va m'accorder la faveur que j'espere.
Aux autels de l'Hymen, Églé porte ses vœux;
C'est pour le choix qu'elle va faire
Qu'ont voit par les plaisirs, le Hameau rassemblé.

MERCURE.

Etranger en ces lieux, je ne ſais point encore
Quels ſont & les deſſeins, & les appas d'Églé.

EURILAS.

De l'art de Terpſicore
Églé nous enſeigna les loix.
Un azile charmant, réveré dans ces bois,
Nous offre, chaque jour, au lever de l'Aurore,
Des jeux qu'Églé conduit au ſon de nos Haut-bois.

Pour prix de ſes ſoins, de ſon zèle,
Terpſicore l'engage à choiſir un Époux,
Et lui promet la chaîne la plus belle.

MERCURE.

Eh ce choix glorieux doit ſe fixer ſur vous?

EURILAS.

Églé de ſon ardeur me fait encor miſtere:
Mais je vois mes rivaux, trop empreſſés à plaire,
Soupirer & gémir dans leurs fers malheureux;
J'aime ſans me plaindre comme eux:

Amans, voulés-vous qu'une Belle,
Des feux dont vous brûlés ſoit épriſe à ſon tour?
Déguiſés auprès d'elle
L'excès de votre amour.

MERCURE.

Non, non, ce n'eſt qu'à vous qu'Églé rendra les armes;
Des feux ſi bien conduits ſeront récompenſés.

(On entend le ſon d'un Hautbois.)

EURILAS.

De ſa danſe elle vient faire briller les charmes;
Et je crains de montrer des ſoins trop empreſſés.

SCÈNE IV.

MERCURE, EGLÉ, PALEMON.

(ÉGLÉ arrive en danſant, au ſon du Hautbois de PALEMON; & MERCURE s'accorde à ce Hautbois, en chantant l'air que danſe ÉGLÉ.)

MERCURE.

Tu veux avoir la préférence,
Berger, au ſon de ton Hautbois,
Crois-tu d'Églé guider encor la danſe?
Non, non, c'eſt le ſon de ma voix.
Graces, quittés Cythere,
Venés ſur ce gazon,
Pour danſer & pour plaire,
Venés de la Bergere
Prendre leçon.

Tu veux avoir la préférence, &c.

(ÉGLÉ ſourit, en danſant près de MERCURE, PALEMON jaloux, marque ſon dépit, & ſort.)

MERCURE.

Mais il fuit... il soupire...
Il brise son Hautbois... Ah! si de son couroux,
Églé ne fait que rire,
Que ce dépit me sera doux!

SCÊNE V.

MERCURE, ÉGLÉ.

ÉGLÉ, à part.

PAr quel enchantement me laissai-je surprendre?
Dieux, quel est ce Berger?

MERCURE.

Mon cœur, jusqu'à ce jour,
Avoit su se défendre
Des attraits de l'Amour,
Et j'espérois de ne jamais m'y rendre.

J'apprens à soupirer, Églé, c'est dans vos jeux;
C'est par vous que je sais qu'il faut enfin qu'on aime:
Je ne sais, en aimant, si l'on peut être heureux;
L'apprendrai-je de même?

ÉGLÉ.

Que lui dirai-je? hélas, tous mes sens sont troublés!

MERCURE.

Vous ne répondés point ; parlés.

ÉGLÉ.

Une tendre Bergere
Emprunte vainement
Un langage sévere :
La feinte se dément
Quand l'Amant
Sait lui plaire.

MERCURE.

Maître des cieux, vos grandeurs ne sont rien ;
Le cœur d'Églé lui seul est le souverain bien.
Vous mérités des vœux plus éclatans encore.
Reconnoissés Mercure, épris de vos attraits,
Il sent pour vous les feux les plus parfaits,
Mercure vous adore.

ÉGLÉ.

Mon cœur, à ses transports,
Reconnoît un pouvoir suprême....
Hélas, pour les cacher j'ai fait de vains efforts !

MERCURE.

Eh, c'est ainsi qu'Amour veut que l'on aime !

ÉGLÉ.

Il veut qu'on aime constament.

MERCURE.

Je deviens pour Églé le plus fidele amant. . .

ÉGLÉ.

Eh, c'est ainsi qu'Amour veut que l'on aime !

MERCURE.

Non, non, je n'aimerai que vous,
Mon bonheur dépendra du vôtre.

ENSEMBLE.

Non, non, je n'aimerai que vous,
Mon bonheur dépendra du vôtre :
Ah, que nôtre sort sera doux
De vivre l'un pour l'autre !
Non, non, je n'aimerai que vous.

(*Le son des Musetes, annonce les Bergers du Hameau.*)

MERCURE.

On vient, & vous allés déclarer votre Époux.

EGLÉ.

Non, non, je n'aimerai que vous.

SCENE VI.

MERCURE, ÉGLÉ, EURILLAS, CHŒUR *de Bergers.*

UNE BERGÈRE, & LE *CHŒUR.*

L'Amour regne en ces bois;
Hymen, c'eſt par nos voix
Qu'en ce jour il t'implore.

LA BERGÈRE.

Confonds ſi bien
Ton empire & le ſien,
Que ſans ceſſe on ignore
Qui des deux
Sait rendre plus heureux.

musette (*Danſes des Bergers, amoureux* D' ÉGLÉ.)

LA BERGÈRE.

C'eſt pour l'Amour que nos hameaux ſont faits.
Nos Bergers ſont toujours ſinceres,
Et l'on ne voit jamais
D'infideles Bergeres.
Quand un Amant eſpere un doux retour;
Ce n'eſt pas pour la gloire
Qu'il tente la victoire,
C'eſt pour l'Amour.

Après

(*Après plusieurs airs dansés par les Bergers*, ÉGLÉ *danse, une guirlande à la main, & la donne enfin à* MERCURE.)

EURILAS.

Pour un autre Églé se déclare!
Espoir flateur, qu'êtes-vous devenu?
Mais que je suis vengé par un choix si bizare!
Il falloit à son cœur un Berger inconnu.

MERCURE.

Au choix d'Églé, cessés de faire injure;
Dans ce Berger reconnoissés Mercure.

(*Un Amour vole, & remet le Caducée à* MERCURE.)

LE *CHŒUR.*

Le charmant art d'Églé d'un Dieu même est vainqueur!

MERCURE.

Églé va faire mon bonheur.

LE *CHŒUR.*

Le charmant art d'Églé d'un Dieu même est vainqueur...

(*Une Symphonie brillante suspend le chant des Bergers; le Théâtre change, & représente un jardin orné.*)

MERCURE.

Mais par les soins des plus aimables Dieux,
De mille attraits nouveaux on voit briller ces lieux...
Ces sons annoncent Terpsicore...
Les Faunes, Les Silvains, empressés sur ses pas,
De la Bergere que j'adore
Viennent célébrer les appas.

SCÈNE DERNIERE.

TERPSICORE, & ses NYMPHES paroissent en dansant au son de leurs tambours; les Faunes & les Silvains se mêlent à leurs danses.

entrée
Loure
2 menuets

LES ACTEURS de la Scène précédente.

MERCURE.

Contre l'Amour, jeunes Beautés,
Ne combattés
Que pour rendre les armes:
Vous lui devés vos charmes;
Ils vous fuiront, jeunes Beautés,
Si vous n'en profités.
Contre l'Amour, &c.

Danse de TERPSICORE.

musette

UNE BERGÈRE, à MERCURE.

Suivés les loix
Qu'Amour vient nous dicter lui-même;
Suivés les loix
Que nous chérissons dans nos bois.

CHŒUR, Suivons les loix, *&c.*

LA BERGÉRE.

On fait un choix ;
On aime, & pour toûjours on aime.

MERCURE & LE CHŒUR. Suivons les loix, *&c.*

LA BERGÈRE.

L'Amour vous appelle,
Aimés, soyés fidele ;
L'Amour vous appelle,
Qu'il est doux d'entendre sa voix !

MERCURE.

J'ai fait un choix.
J'aime, & c'est pour toujours que j'aime.
Suivons, *&c.*

Avec LE CHŒUR.

Suivons les loix, *&c.*

LA BERGÈRE.

Notre ardeur constante
Sans cesse s'augmente.

MERCURE, & la BERGÈRE.

Qu'ici chacun chante
Mille & mille fois
Suivons, *&c.*

MERCURE, à TERPSICORE.

Églé me tient sous sa puissance;
D'une Nimphe si belle augmentés votre cour;
Vous verrés à jamais les Graces & l'Amour
Partager ma reconnoissance.

(*TERPSICORE prend* ÉGLÉ *pour danser, & toute sa Cour la reconnoît pour Nymphe de la danse, dès que cette Muse lui a remis son tambour.*)

MERCURE.

L'Objet qui regne dans mon âme
Des mortels & des Dieux doit être le vainqueur:
Chaque instant il m'enflâme
D'une nouvelle ardeur.

Je m'abandonne à mon amour extrême,
Et je fixe à jamais mes plaisirs en ces lieux;
C'est où l'on aime
Que sont les Cieux.

L'Objet qui regne dans mon âme, &c.

(*Une contre-danse termine cette Entrée.*)

FIN.

APPROBATION.

J'Ai lu par ordre de Monseigneur le Chancelier, une Réimpression des *Fêtes d'Hebé, ou les Talens Lyriques*, Ballet dont les représentations ont eu beaucoup de succès. A Versailles, ce quinze Avril 1764.

DEMONCRIF.

www.ingramcontent.com/pod-product-compliance
Lightning Source LLC
LaVergne TN
LVHW012007160826
845678LV00002B/700

9782329664491